L7 41
1980
c

MÉMOIRE
ADRESSÉ
A LA NATION,
POUR
MARIE - THÉRÈSE - CHARLOTTE
DE BOURBON,
FILLE DE LOUIS XVI.

Ci-devant roi des Français, détenu à la tour du Temple;

SUIVI

D'une Opinion adressée à la Convention nationale pour la fille de Louis XVI, pour Louise-Marie-Adélaïde Bourbon-d'Orléans, & Louise-Thérèse-Bathilde Bourbon-d'Orléans;

ACCOMPAGNÉ

De notes curieuses & intéressantes sur la prison de Marie-Antoinette d'Autriche, & sur les autres prisonniers du Temple.

A PARIS,
Chez les Marchands de Nouveautés.

1795.

MÉMOIRE

POUR
MARIE-THERESE-CHARLOTTE
DE BOURBON,
FILLE DE LOUIS XVI,

Ci-devant roi des Français; détenue à la tour du Temple;

Où l'on trouve des anecdotes curieuses & inconnues jusqu'à ce jour, sur le traitement de Marie-Antoinette dans les prisons de la Conciergerie & de ses enfans dans la tour du Temple.

Il est nuit; je suis délaissée sur cette colline, où se rassemblent les orages. J'entends gronder les vents dans les flancs de la montagne, le torrent enflé par la pluie rugit le long du rocher. Je ne vois point d'asyle où je puisse me mettre à l'abri. Hélas ! je suis seule & délaissée.

OSSIAN, *Chants de Selma.*

ELLE étoit née d'un sang qui fut auguste, s'il est vrai que les vœux & le respect des nations puissent imprimer un caractère sacré : elle étoit la fille chérie des peuples & des rois; & à 16 ans, elle périt de souffrance & de misère (1) au fond d'une obscure prison. Cinq à six portes de fer, des canons, des soldats, des guichetiers farouches, des dogues furieux, défendent sans cesse la tour effroyable, où gémit une malheureuse enfant, dont toute la puissance, dont la seule force est dans ses charmes & ses pleurs. Français ! rendez à la lumière, rendez à la vie cette intéressante victime. La fille du plus puissant monarque du monde étend ses bras vers ceux que son père appeloit ses sujets ; elle est suppliante devant vous. Que vous a-t-elle fait pour être traitée avec tant de cruauté ? Quels sont donc ses crimes ? Quel mal vous a-t-elle fait, & quel mal peut-elle vous faire ? Elevez la tête & voyez ce qu'elle est, où elle est.

Le jour de sa naissance fut pour vous un jour de triomphe & d'alégresse. Dans tous vos temples vous répandîtes des bénédictions sur elle, vous fîtes des vœux pour son bonheur ; & dans les mêmes lieux, dans ces asyles sacrés, on a versé des malédictions, on a distillé l'opprobre, l'ignominie. D'un bout de la France à l'autre, vous avez cueilli des fleurs pour en couvrir son berceau. Marie-Thérèse de Bourbon étoit pour vous *Madame Première*; elle étoit votre princesse dans un temps où elle n'avoit besoin que des soins de sa nourrice, & les premiers jours de son adolescence sont enveloppés de toutes les chaînes, de toutes les vexations que jamais pût imaginer le despotisme le plus barbare & le plus hideux. Elle étoit adorée, lorsqu'elle étoit muette & insensible ; aujourd'hui, qu'elle est active & belle, qu'elle naît au sentiment, Marie-Thérèse est persécutée & proscrite !....

Vous l'éleviez pour assurer votre gloire & votre prospérité, elle devoit resserrer les nœuds qui pouvoient vous allier aux puissances étrangères ; déjà les peuples & les rois, enchantés de ses attraits naissans, se disputoient l'honneur de ceindre du diadême sa tête rayonnante de gloire ;

& depuis!.... le dernier des misérables n'eût osé la prendre pour épouse! Quel déluge de calamités a fondu sur la tête de cette innocente! Vous l'avez précipitée dans un abyme creux, dans un gouffre sans fond. Tout ce qu'elle avoit de cher & de protecteurs au monde a été arraché du plus haut degré d'élévation où un mortel puisse atteindre, frappé par vous & immolé devant elle.

Marie-Thérèse, la fille des rois, est restée seule au milieu des ténèbres, des tombeaux & des ombres de sa déplorable famille. Français! rendez-lui la liberté, rendez-lui le bonheur, si un tel bienfait est encore en votre puissance. Quelle vengeance avez-vous à exercer contre elle? quels crimes a-t-elle commis? quels crimes pouvoit-elle commettre? quel mal vous a-t-elle fait? Républicains ou royalistes, qui que vous soyez qui la retenez prisonnière, parlez, répondez : si vous êtes républicains, vous voulez avant tout être justes, & vous ne voulez pas non plus cesser d'être Français, c'est-à-dire, braves, humains & généreux; si vous êtes justes, vous ne pouvez punir un enfant des fautes de ses parens; car vous avez établi que les délits ne peuvent être que personnels : telles sont les bases premières qui doivent fonder le système républicain; il ne doit pas plus y avoir d'hérédité de délits que d'hérédité de gloire. Si, dans ce nouvel ordre de choses, on pouvoit avoir d'autres principes, on pouvoit suivre des maximes opposées, vous le rejetteriez avec effroi.

Si, pour être d'accord avec vous-mêmes, vous ne pouvez punir la jeune enfant de Louis XVI pour les fautes de ses parens, vous ne pouvez pas non plus la punir pour ses délits particuliers, car elle est encore dans l'âge où on ne peut être coupable, où on ne peut faire de mal à personne.

Enfin, quel mal peut-elle vous faire? Tous ceux auprès desquels elle pourroit se réfugier, dont elle pourroit solliciter la vengeance contre ses persécuteurs, sont eux-mêmes errans & fugitifs sur une terre étrangère, & dans l'impossibilité de vous nuire; d'ailleurs, pour être portés à cette vengeance que vous pourriez redouter, vous savez qu'ils n'ont besoin ni des pleurs, ni des cris d'un enfant.

Craignez-vous jusqu'à son déplorable abandon? Craignez-vous que, rendue à la liberté, elle n'excite plus vivement encore, par son nom, par ses malheurs, par ses charmes, l'affection & l'intérêt de ceux qui peuvent regretter la monarchie? Craignez-vous que ces royalistes ne la prennent pour point d'appui, qu'ils ne se précipitent autour d'elle, & l'élevant sur un pavois, ils ne la reconnoissent pour leur reine, & ne parviennent ainsi à vous accabler.

Mais vous savez que l'espoir du retour des rois en France ne peut se fixer sur une femme; que, suivant la loi salique, qui est le seul point où les partisans de l'ancienne monarchie puissent se rallier, s'il n'existoit plus d'héritiers mâles de la famille régnante, il faudroit, sans faire attention aux femmes qui pourroient exister encore, aller chercher le monarque parmi les pairs du royaume.

Ainsi, vous voyez qu'une femme ne peut servir de point de réunion aux royalistes que vous redoutez; elle pourroit tout au plus vous faire reconnoître ceux qui seroient assez insensés pour le croire & vous fournir l'occasion de les accabler.

Si vous êtes royalistes, dans toutes les suppositions qu'on peut faire dans cette hypothèse, la liberté de la fille de Louis XVI, dans quelque lieu du monde que vous la placiez, ne peut-être un obstacle à vos projets. Il est difficile même de faire une supposition, où, dans ce dernier cas, elle pût vous être utile.

Ainsi, royalistes ou républicains, qui que vous soyez, vous ne pouvez, sans insulter la justice, sans outrager l'humanité, sans vous déclarer les complices des barbares que vous envoyez à l'échaffaud, retenir plus long-temps cette infortunée dans les fers. Jetée du faîte des grandeurs dans cet état d'abjection, seule, abandonnée de tout être vivant, ou ne voyant que des monstres impurs, dont l'existence est un reproche à la nature, qui put les enfanter; considérez, si vous pouvez, sans frémir, toute l'horreur d'une telle situation; voyez s'il est possible de suivre une plus déplorable destinée. Français, on ne vous rappelle point ici les égards, les soins délicats que vous avez toujours eus pour un sexe aimable, foible & timide; on ne vous rappelle point cette générosité sublime, signe distinctif de votre haute bravoure, de cette générosité qui vous prescrivoit de tendre une main secourable à l'adversaire que vous aviez vaincu, à le regarder comme votre ami; on vous demande justice pour une femme de seize ans, belle, dit-on, comme la rose qui vient d'éclorre, pour une femme de seize ans, qu'on retient ensevelie sous d'énormes verroux, sous la garde d'une multitude d'hommes armés dans le silence de la terreur & de l'effroi, & avec autant de précaution que le tyran le plus odieux & le plus redouté; on vous demande justice pour un enfant de seize ans, détenue captive à douze ans, à qui l'on ne peut supposer d'autre tort que de descendre d'une suite de rois dont vous fûtes idolâtres. Si cet amour fut un crime, rougissez de votre foiblesse; mais devez-vous punir ceux qui en furent l'intéressant objet ? ô Français ! ressemblerez-vous toujours à cet enfant, aussi injuste qu'insensé, qui se plaît à faire voler en éclats l'innocente poupée qui fit ses plus chères délices.

OPINION
D'UN FRANÇAIS,

Sur la détention de *Marie-Thérèse-Charlotte Bourbon*, fille de Louis XVI, ci-devant roi des Français.

EN vain toutes nos tribunes retentissent d'invocations à la liberté; la beauté & l'innocence sont dans les fers; il n'est point de liberté, point de république; les rives de la Seine qui répètent nos chants de triomphe, ne sont pour l'homme juste que les rives sauvages de l'Orenoque; & nos hymnes à l'humanité ne sont que les cris du crocodile qui essaie d'imiter la voix humaine, pour attirer dans ses pièges le voyageur égaré. Marie-Thérèse-Charlotte, fille de Louis XVI, ci-devant roi de Français, celle qui naguère fixoit les regards éblouis de la France, respire dans l'affreuse solitude des cachots. Ames sensibles de tous les pays, réunissez-vous à moi, pour la plaindre & pour la défendre, pour pleurer sa perte ou pour obtenir sa liberté. Elle étoit née au pied du trône, environnée des illusions que l'opinion des peuples avoit consacrées; quatorze siècles sembloient l'avoir devancée, pour préparer les jours de sa félicité: mais le destin qui se joue des grandeurs humaines, a fait signe au sombre génie des révolutions de renverser le trône à l'ombre duquel s'élevoit son enfance. Ce lys qui croissoit à l'abri des orages, courbe sa tête dans la poussière du désert & meurt sans fixer les regards de ceux qui aimoient à le voir, loin des lieux dont il fut l'ornement & la gloire.

Repoussée du sein de la fortune, elle s'est réfugiée dans l'ame des hommes vertueux & dans le sein hospitalier de l'humanité : un nouveaux trône s'est élevé pour elle sous les débris du trône des rois ; elle fut belle autrefois de l'éclat des grandeurs, elle est plus belle aujourd'hui de son infortune, semblable à ces étoiles qui jettent une plus vive lumière en tombant de la voûte des cieux.

C'est cette puissance de la vertu malheureuse que j'invoque aujourd'hui au tribunal de la puissance législative ; c'est l'empire de l'humanité que j'invoque devant l'empire des loix. Quel enchaînement de désastres & de revers ! Chaque instant qui s'écoule, amène une nouvelle calamité ; la destinée de Marie-Thérèse-Charlotte étoit de voir dans chaque évènement sinistre le présage d'un événement plus sinistre encore. Au 10 août, le palais des rois s'ébranle dans les horribles convulsions de la guerre civile ; poursuivie par les cris d'un peuple en fureur, elle traverse les ruines du trône, & elle se réfugie, à travers les bayonnettes, au bruit du canon, dans le sein d'une assemblée qui appeloit la vengeance nationale sur la tête de son père. Bientôt elle est arrachée de cette première prison, pour être conduite, avec sa famille, dans la bastille où elle gémit encore. A peine étoit-elle arrivée au Temple, que l'horrible tocsin du 2 septembre se fit entendre autour de cette demeure ; les têtes sanglantes de ses amis, de ses serviteurs fidèles, sont portées en triomphe ! O dieu ! ce n'est plus un trône, c'est un tombeau qu'elle vous demande ! Mais, non, trop malheureuse fille, avant de mourir, tu verras expirer ta mère, ton père ! tu dois souffrir la mort dans tous ceux qui te furent chers & qui veillèrent sur ton berceau.

En entrant dans les cachots du Temple ne devoit-elle pas croire être descendue dans la plus sombre demeure des enfers? Des hommes à moustaches menaçantes, des geoliers farouches, des bourreaux couverts du sang de sa famille, des commissaires, (2) dont la mission étoit d'insulter à la vertu malheureuse, avoient remplacé ces hommes polis & affables que l'illusion de sa naissance avoit autrefois rassemblés autour d'elle. Depuis trois années, elle n'entend (3) plus que les orages qui grondent autour de son cachot, que le bruit du tambour, que le canon d'alarmes, que le son effrayant du tocsin, qui retracent sans cesse à ses yeux l'image funèbre de la guerre civile & de la désolation universelle: elle demande encore sa mère; sa mère qui a péri sur l'échaffaud sans avoir reçu ses derniers adieux. Du nord au midi, l'Europe est déja remplie du trépas de son frère; elle, qui n'en étoit séparée que par une muraille; elle ignore encore sa mort, elle pleure encore sur sa vie: les cieux qui sont devenus son unique appui, sont voilés à ses regards, le soleil s'est effacé, le monde s'est anéanti; ses affections, comme la colombe de Noë, errent autour de sa demeure sans savoir où se reposer; pour elle il n'est point de passé, il n'est point d'avenir, (4) elle croit que Robespierre est encore sur le trône d'où sa famille est descendue. A cette dernière pensée, je succombe aux accès du désespoir, ma tête retombe sur ma poitrine oppressée & mon cœur est déchiré d'autant de traits que j'ai vu de maux se rassembler sur cette famille infortunée.

Convention nationale, vous délibérez sur la liberté, près de ce cachot qui retient la vertu captive; les gémissemens de l'innocence opprimée ne viennent-ils pas jusqu'à vous & ne troublent-ils point le calme de vos délibérations? que tardez-vous à ouvrir les portes de cette tour menaçante, où viennent de s'engloutir les derniers débris de la monarchie française? que tardez-vous à briser les fers de cette fille infortunée, arrachez-la du sein de la douleur qui est restée la seule compagne de son infortune, & rendez-la au monde qui vous la demande par ses larmes: qui pourroit vous retenir? qui pourroit retarder encore ce grand acte de justice & d'humanité? EST-CE LA CRAINTE? qu'avez-vous à redouter d'une femme qui n'est intéressante que par ses malheurs? ce n'est pas à l'école de l'adversité, au fond de sa prison qu'elle a appris l'art funeste de bouleverser les empires. Ne trouvez-vous pas dans la monarchie elle-même une garantie contre la monarchie qui fait le sujet de vos alarmes, & la loi salique ne vous rassure-t-elle pas contre l'influence des femmes qui ne peuvent exercer sur les françois que l'empire de la beauté? Oreste n'est plus: qu'avez-vous à redouter de la malheureuse Electre? Hélas! si elle étoit encore à craindre, ce seroit dans ce cachot, autour duquel se rallient toutes les affections de ceux qui aiment la vertu, & qui ont juré de mourir pour elle; rappellez-vous le sort de cette infortunée Marie Stuart d'Ecosse: sa grandeur, sa beauté, sa jeunesse n'avoient pu faire oublier ses erreurs; mais ses malheurs, sa prison, son supplice l'ont rendue chère au monde; sur un trône, elle pouvoit à peine commander à sa cour, du fond des cachots elle règne sur les générations.

Est-ce la haine? Pouvez-vous haïr une femme qui est née pour ainsi dire avec la révolution? elle n'a point participé aux crimes de la tyrannie, ses yeux étoient à peine ouverts à l'éclat corrupteur de la cour; elle croissoit pour l'amour & pour l'admiration des Français. Trop déplorable destinée! les imprécation lancées contre la mémoire de Louis XVI, retombent sur la tête de sa fille; nous avons dit dans nos loix: *les hommes ne sont rien par la naissance*; cependant Marie-Thérèse-Charlotte gémit dans les cachots, parce qu'elle est née dans les palais des rois. Malheureuse fille, on n'a pas voulu que vous montiez au trône de votre père, mais on vous a fait descendre dans sa prison, vous n'avez pas hérité de ses grandeurs, mais vous avez hérité de ses infortunes. Français, ce n'est donc plus la puissance, c'est la haine qui est héréditaire pour la famille dont vous venez de briser le sceptre royal.

Est-ce le besoin de conserver votre popularité? Le peuple est revenu de ses égaremens; les échaffauds, les prisons sont dépopularisés, ce n'est plus en versant le sang des opprimés, c'est en répandant des larmes sur les victimes de l'oppression, qu'on obtient les suffrages de la nation; après les maux que le peuple a soufferт, l'esprit des Français jadis léger & folâtre, est devenu sombre & mélancolique; rien n'est si populaire aujourd'hui que la douleur & l'humanité: le peuple éclairé par l'expérience de ses revers bien plus que par les écrits des philosophes, ne veut pas que les rois soient plus que les autres hommes, mais il ne veut pas aussi que les filles des rois soient moins que les autres femmes ; si les vertus de Marie-Charlotte-Thérèse la placent au-dessus de son sexe, que les malheurs nous rappellent du moins qu'elle tient à l'espèce humaine, qu'elle soit traitée comme les femmes au rang desquelles elle est descendue, & que l'égalité, dont on s'est servi, comme d'un talisman de persécution, répare enfin une partie des maux que sa fausse application a causés parmi nous. Heureux le gouvernement qui, en venant au secours de la vertu opprimée, ne fait qu'interpréter les oracles de l'opinion, & qui remet le dépôt de son autorité sous la garde de la reconnoissance publique.

EST-CE LE DESIR D'ACCÉLÉRER LA PAIX ? Le torrent dévastateur des armées étrangères ne s'est point arrêté devant l'échaffaud de Louis XVI & de Marie-Antoinette : s'arrêtera-t-il davantage devant la prison de Marie-Thérèse-Charlotte ? elle n'est point l'objet des combinaisons politiques des cabinets qui nous font la guerre ; son nom n'est point écrit sur les drapeaux des autrichiens & des anglais, il n'est point prononcé parmi les Français qui se sont armés contre la république. Législateurs d'un peuple devenu sensible, vous voulez donner la paix à l'Europe, faite donc chérir votre gouvernement, soyez justes, que l'humanité achève l'ouvrage de la victoire ; avant de vous montrer magnanimes envers des ennemis formidables, montrez-vous généreux envers l'innocence foible & désarmée.

Il est encore deux autres femmes, victimes infortunées des préjugés de leur naissance, **Louise-Marie-Adélaïde Bourbon d'Orléans**, (5) & **Louise-Thérèse-Bathilde d'Orléans de Bour-**

bon : la première, par ses vertus, auroit pu faire oublier les crimes de son époux, si l'on pouvoit oublier les crimes qui ont plongé plusieurs générations dans le sang & dans les larmes : la seconde s'étoit fait pardonner son élévation, par son amour de la patrie, & par ses mœurs épurées au flambeau de la religion : toutes deux ont été traînées de cachots en cachots ; ces mains tant de fois élevées vers le ciel pour demander le bonheur de la France, ont été chargées de fers dont on enchaîne les traîtres & les conspirateurs : accablées d'infortunes, loin des palais qu'elles ont habités, elles sont réduites à implorer cette bienfaisance qu'elles exercèrent envers le peuple dans les jours de leur prospérité.

O fortune ! (6) ô revers ! hâtez-vous, convention nationale d'essuyer les pleurs de la beauté gémissante. Vous ne voulez pas que ce soit un mérite de descendre d'un sang royal, mais vous ne voulez pas non plus que ce soit un crime : vous allez régénérer les mœurs, ne dérobez plus aux Français les augustes exemples de la vertu. Vous occupez aujourd'hui par le choix du peuple le rang qu'elles occupèrent autrefois par le hasard de la naissance. Songez à la fragilité des grandeurs humaines : déja cinq révolutions ont ébranlé l'empire depuis que vous êtes les législateurs de la France, plusieurs de vous ont péri dans les proscriptions & dans les supplices ; vous aurez bientôt vécu sous le régime de trois constitutions ; bientôt vous serez la postérité de cette convention dont vous êtes aujourd'hui les membres tout-puissants ; donnez au peuple, donnez-vous à vous-mêmes une grande leçon de morale, ouvrez les cachots de ces victimes de la tyrannie révolutionnaire, & montrez-les au monde comme ces ruines illustres sur lesquelles le sage va lire l'histoire des révolutions.

Elles forme des vœux pour le bonheur de ce peuple égaré qui les a chargées d'imprécations, elles invoque la bonté du ciel pour leurs persécuteurs. O religion sainte! verse ton baume céleste sur les plaies de la révolution : au milieu des injustices des hommes, au bruit des tempêtes de la fortune & des secousses du malheur laisse-les se reposer dans ton sein : ô dieu tout-puissant, toi qui fais passer des ténèbres à la lumière une race ignorée, & qui plonge dans l'oubli une famille de rois, si la nature s'émeut d'une révolution si rapide & si terrible, donne à celles qui en furent frappées la force de vaincre l'adversité : elles n'ont plus de maux à craindre, elles les ont tous soufferts. O dieu, donne-leur l'espérance de les voir bientôt finir, donne à la convention le courage de les réparer.

PÉTITION

D'un grand nombre de citoyens d'Orléans, à la Convention nationale.

" Citoyens représentans, tandis que vous avez rompu les fers de tant de malheureux, victimes d'une politique ombrageuse & cruelle, une jeune infortunée, condamnée aux larmes, privée de toute consolation, de tout appui, réduite à déplorer ce qu'elle avoit de plus cher, la fille de Louis XVI languit encore au sein d'une horrible prison. Orpheline si jeune encore, si jeune encore abreuvée de tant d'amertume, de tant de deuil ; qu'elle a bien douloureusement expiée le malheur d'une auguste naissance! Hélas! qui ne prendroit pitié de tant de maux, de tant d'infortunes, de son innocence, de sa jeunesse!

» Maintenant que sans craindre le poignard des assassins & la hache des bourreaux, on peut enfin ici faire entendre la voix de l'humanité, nous venons solliciter son élargissement & sa translation auprès de ses parens; car qui d'entre vous voudroit la condamner à habiter des lieux encore fumans du sang de sa famille? La justice & l'humanité, ne réclament-elles pas sa délivrance? Et qui pourroit objecter la défiance la plus soupçonneuse?

» Venez, entourez tous cette enceinte, formez un cortège pieux, vous, Français sensibles, & vous tous qui reçûtes des bienfaits de cette famille infortunée; venez, mêlons nos larmes, élevons nos mains suppliantes, & réclamons la liberté de cette jeune innocente; nos voix seront entendues; vous allez la prononcer, citoyens représentans, & l'Europe applaudira à cette résolution, & ce jour sera pour nous, pour la France entière, un jour d'alégresse & de joie «.

NOTES.

(1) On est encore loin d'avoir une idée de toutes les barbaries qui ont été exercées dans les prisons, sous l'empire des derniers tyrans, & particulièrement envers les membres de l'ancienne famille royale; il est probable même que le gouvernement actuel est loin d'avoir connoissance de tant d'atrocités. Lorsque Marie-Antoinette d'Autriche fut traduite à la Conciergerie, on la plaça dans une chambre (la chambre appelée du conseil) qui est regardée comme la plus mal-saine de cette affreuse prison, dans tous les temps humide & infecte. Sous prétexte de lui donner quelqu'un à qui elle pût demander ce dont elle pouvoit avoir besoin, on lui envoyoit, pour lui servir d'espion (de mouton en terme de prison) un homme d'une figure & d'une voix effroyable, qui étoit chargé d'ailleurs dans la Conciergerie des travaux les plus dégoûtans & les plus mal-propres. Cet homme se nommoit Barassin, voleur & assassin de profession, qui avoit été condamné à quatorze années de fers, par jugement du tribunal criminel. Le Concierge, qui avoit besoin d'un chien supplé-

mentaire qui eut là parole, avoit obtenu que Baraffin, coquin très-intelligent, resteroit à la Conciergerie, où il tiendroit son banc de galérien : tel étoit l'honnête personnage qui tenoit lieu de valet-de-chambre à celle qui fut reine de France. Cependant quelque temps avant sa mort, on lui avoit ôté son officieux, le voleur de grands chemins; & on avoit placé dans l'intérieur de sa chambre une sentinelle (un gendarme) qui veilloit jour & nuit autour d'elle, & dont elle n'étoit séparée, même pendant son sommeil, sur un lit de sangle, que par un mauvais paravent tout en loques. La fille des empereurs romains avoit, dans ce séjour affreux pour tout vêtement, une mauvaise robe noire, des bas troués, qu'elle étoit obligée de raccommoder tous les jours, pour ne pas être exposée nue aux regards de ceux qui venoient la visiter, & point de souliers. Tel a été le sort de Marie-Antoinette, devant qui toute l'Europe a fléchi le genou, à qui tous les honneurs qui puissent être rendus à une mortelle ont été prodigués, pour qui tous les trésors du monde ont été ouverts.

Après la mort de leur mère, ou sa sortie du Temple, les deux enfans de Louis XVI furent totalement abandonnés; on les laissoit sans linge, & c'est, dit-on, l'excès de la mal-propreté qui a engendré la maladie de peau, & ensuite les ulcères, dont l'un d'eux vient de mourir. Voici un fait qui a été attesté par un des fonctionnaires publics de l'ancienne commune de Paris, qui fut emprisonné au Luxembourg environ un mois ou six semaines avant le 9 thermidor. On avoit retiré à ces enfans toute espèce de gardes & de soins intérieurs; ils étoient seuls, chacun dans une chambre où personne n'avoit accès, pas même pour faire leur lit, retirer ou balayer les ordures. On leur faisoit passer leurs repas par une espèce de tour qu'on avoit pratiqué à chacune de ces chambres. On les appeloit brusquement, lorsqu'on leur apportoit à manger; on plaçoit les mets dans ce tour, & on leur faisoit rapporter les plats vuides qu'on leur avoit fourni la veille.

Le petit garçon se couchoit au milieu des ordures,

comme un pauvre animal, sur un lit qui n'étoit jamais remué, jamais fait, car il n'en avoit ni la force, ni la raison. Sa jeune sœur, au contraire, balayoit tous les jours la chambre, en jetoit les ordures avec soin, se tenoit propre, & faisoit sa toilette même, autant qu'il lui étoit possible de la faire, dans une affreuse prison où on la laissoit manquer du plus absolu nécessaire.

Cette cruauté envers des enfans infortunés par la captivité la plus dure, plus infortunés encore par les soins recherchés qu'on avoit eus pour eux, par les honneurs de toute espèce qu'on leur avoit rendus, par le respect profond qu'on leur avoit témoigné, n'est pas la seule qu'on ait exercée; en voici une d'une espèce unique, qui appartient aux membres de la commune, à ce chef-d'œuvre de la démocratie, qui devoit fixer à Paris toutes les libertés civiles & politiques, toutes les vertus, toute la gloire de la superbe Rome, tous les arts, toute l'urbanité de la Grèce. Après la retraite du fameux Simon, savetier de son métier, & gouverneur du jeune fils de Louis XVI, deux hommes, ou plutôt deux dogues de cette commune, veilloient jour & nuit autour de la chambre de cet enfant. Dès que le jour cessoit, on lui ordonnoit de se coucher, parce qu'on ne vouloit pas lui donner de lumière. Quelque temps après, lorsqu'il étoit plongé dans son premier sommeil, un de ces Cerbères, craignant que le diable ou les aristocrates ne l'eussent enlevé à travers les voûtes de sa prison, lui crioit d'une voix effroyable : *Capet? où es-tu? dors-tu?* — Me voilà, disoit l'enfant moitié endormi & tout tremblant. — Viens ici, que je te voie. Et le petit malheureux d'accourir tout suant & tout nud : — Me voilà; que me voulez-vous? — Te voir; va, retourne te coucher : *houffe*. — Deux ou trois heures après, l'autre brigand recommençoit le même manége, & le pauvre enfant étoit obligé d'obéir.

(2) On connoît les affreuses paroles de Chaumette, lorsqu'un commissaire du temple vint faire à la commune un rapport sur la santé de Marie-Thérèse-Charlotte Bourbon: elle avoit des dartres au visage. Ce seroit un crime, dit le commissaire, que de

laisser gâter une peau qui est un chef-d'œuvre de la nature.... *Et la peau des serpens est aussi un chef-d'œuvre de la nature*, répliqua le farouche antropophage, qui présidoit le conseil-général de la commune de Paris. A de pareils traits on regarde autour de soi avec horreur, & l'on frémit de tenir à l'espèce humaine.

(3) La prison du Temple a été tellement environnée du mystère, que les prisonniers ont toujours ignoré les plus grands évènemens. Depuis quelque temps, & sur-tout depuis la chûte de Robespierre, ils étoient traités avec plus d'égards. Le fils de Louis XVI, dans les derniers instans de sa vie, se félicitoit, auprès d'un commissaire, d'être mieux traité dans sa prison; il faisoit en même temps des plaintes très-vives sur son ancien instituteur, Simon, qui le faisoit couvrir de haillons & le maltraitoit de toutes les manières : *que lui feriez-vous*, lui dit le commissaire, *si vous deveniez roi? — Je le ferois punir pour l'exemple*, répondit le jeune Capet. Depuis deux ans, il n'avoit eu des rapports qu'avec Simon, il ne connoissoit que Simon dans l'univers : il ne savoit pas qu'il étoit mort avec les complices de Robespierre.

On ne sauroit croire jusqu'à quel point les décemvirs & leurs agens avoient poussé la scélératesse, à l'égard de ces malheureux enfans, sur lesquels la postérité la plus reculée versera des larmes. La femme de Simon, qui étoit gouvernante du Temple, comme son mari en étoit le gouverneur, employoit tous les moyens que lui donnoit son ministère, pour corrompre le cœur du fils de Louis XVI : elle le forçoit à chanter la chanson de la carmagnole, dont le premier couplet commence ainsi :

> Madame Véto avoit promis
> De faire égorger tout Paris.

La gouvernante avoit ajouté à cette chanson des couplets infâmes, qu'elle faisoit apprendre à son élève. On ne vouloit pas qu'il fût plus qu'un homme, on vouloit en faire moins qu'un homme ; on craignoit qu'il fût un roi, on en faisoit un polisson. C'est ainsi que le Temple étoit devenu une maison de corruption, où les poisons d'une autre Circé métamorphosoient les hommes en animaux immondes. Ce malheureux enfant avoit une figure céleste; mais il avoit le dos courbé, comme accablé du fardeau de sa vie : il avoit perdu presque toutes ses facultés morales; & le seul sentiment qui restoit dans son ame, c'étoit celui de la reconnoissance, non pas pour le bien qu'on lui faisoit, mais pour le mal qu'on ne lui faisoit pas : sans proférer une seule parole, il se précipitoit au devant de ses gardiens, il leur serroit les mains, & il baisoit le pan de leur habit. Nous sommes loin de croire, comme on l'a dit & comme on le dit encore, qu'il a été empoisonné, mais ce que nous pouvons affirmer, c'est que la commune du 31 mai a tenté plusieurs fois de s'en délivrer de cette manière. Une somme considérable avoit été offerte à un apothicaire connu : l'apothicaire refusa de se prêter à une trame aussi noire : mais dans un temps où la tyrannie trouvoit tant de juges assassins, qui peut répondre qu'elle n'ait pas trouvé un apothicaire empoisonneur ?

(4) Madame d'Orléans est restée long-temps au Luxembourg, attaquée d'une maladie dont sa vie étoit menacée : elle étoit le jour & la nuit couchée sur une chaise longue, livrée à tous les déchiremens de son cœur; sans secours, sans médecin, sans cesse insultée par les géoliers, les commissaires, & tous ceux que l'enfer de Robespierre avoit vomis dans les prisons, pour en rendre le régime affreux, elle attendoit la mort comme un bienfait. Voulland, au nom du comité de sûreté-générale, vint un jour faire la visite du Luxembourg; madame d'Orléans pouvoit à peine se soutenir; le féroce inquisiteur ne se donna pas la peine de la venir voir dans sa chambre, il donna des ordres pour qu'on la transportât au guichet; elle y fut portée par ses compagnons d'infortune; elle étoit mourante, elle n'avoit plus de force que pour remercier ceux qui lui rendoient ce triste & douloureux service. Voulland demeure insensible; & madame d'Orléans fut reportée dans sa prison.

Madame de Bourbon est restée à Marseille, où elle a été sans cesse en butte aux troubles qui ont désolé cette malheureuse cité depuis deux ans : elle y a vécu dans une détresse extraordinaire ; un domestique qui avoit été autrefois à son service, a été si vivement touché de sa pauvreté, qu'il a vendu son linge & sa montre, pour lui en envoyer la valeur. On a besoin de rencontrer quelquefois de tels actes de vertu, pour ne pas mourir de honte & de douleur, en se retraçant les événemens dont nous venons d'être les témoins. On assure que le château de Petit-Bourg, appartenant à madame de Bourbon, doit être incessamment mis en vente ; nous ne pouvons pas croire à cet acte d'injustice.

(5) Après le 9 thermidor, on dit à la tribune de la convention, que la fille de Louis XVI s'étoit parée le jour que devoit éclater la conjuration de Robespierre, & qu'elle s'étoit vêtue de deuil le jour que le tyran a expiré sur l'échaffaud : quelle horrible calomnie ! Accuser Marie-Thérèse-Charlotte d'être complice de Robespierre, elle qui, seule en France, est restée innocente & pure sous la tyrannie, puisqu'elle seule a ignoré les crimes & jusqu'à l'existence des tyrans.

(6) Les deux enfans prisonniers étoient entièrement abandonnés, pour leur éducation : ils ne pouvoient apprendre les maximes de la morale que dans l'étude de leurs propres cœurs, & dans les souvenirs de leur éducation passée : sans doute qu'ils croyoient à l'être suprême & à l'immortalité de l'âme ; c'est du fond des cachots, que la vertu prend un essor plus rapide vers les cieux, & qu'elle trouve dans la religion un appui contre la persécution & les malheurs qui la poursuivent sur la terre : le jeune fils de Louis XVI avoit presque oublié tout ce qu'on lui avoit appris autrefois ; on lui donnoit des livres ainsi qu'à sa sœur, mais il n'en a jamais fait usage, faute de savoir lire couramment : il savoit à peine écrire : Simon & ceux qui lui ont succédé avoient des ordres, non pas pour lui apprendre ce qu'il ne savoit pas ; mais pour lui faire perdre la mémoire de ce qu'il savoit. Depuis la mort de sa mère & de madame Elisabeth, jusqu'à la chûte du terrorisme, il sembloit que ce

fût une condition nécessaire pour entrer dans sa prison, de n'avoir aucune notion de la morale, de n'avoir aucune des connoissances qui distingue l'homme des animaux les plus grossiers : Dessault étoit le seul homme instruit dont il fut environné : depuis les premiers jours de prairial où l'hidre du terrorisme levoit encore une tête menaçante, & sur-tout depuis la mort de Dessault, il avoit été plus que jamais délaissé : tandis qu'on le désignoit comme le point de ralliement des ennemis de la convention, tandis que dans les départemens, la renommée le plaçoit sur le trône de ses pères, la misère & la douleur l'enchaînoient sur son lit de mort : le redoublement de sa maladie qui se fit alors appercevoir, engagea le comité de sûreté-générale à lui envoyer un médecin & un chirurgien : mais le mal avoit déja fait de trop grands ravages, la mort l'avoit déja marqué de son sceau funèbre, & les secours de l'art ont été sans effet.

De l'imprimerie du bureau général des Journaux, rue du Hurepoix, quai des Augustins, n°. 17.

www.ingramcontent.com/pod-product-compliance
Lightning Source LLC
Chambersburg PA
CBHW060859050426
42453CB00011B/2033